SOUVENIRS
RÉPUBLICAINS

~~~~~~~

48-69

~~~~~~~

PARIS. — IMPRIMERIE A.-E. ROCHETTE

72-80, Boulevard Montparnasse, 72-80

SOUVENIRS

RÉPUBLICAINS

48-69

> Qu'est-ce que le peuple, s'il n'est pas ins-
> truit ?
> Une machine inconsciente dont les habiles
> profitent en en exploitant les mauvaises
> passions.

Prix ; 50 centimes

PARIS

CHEZ TOUS LES LIBRAIRES

Novembre 1869

SOUVENIRS
RÉPUBLICAINS

48-69

Au moment où la folie humaine semble repousser l'enseignement du passé en surexcitant les passions mauvaises et en vociférant des provocations insensées. — Quand la fausse démocratie fait appel aux haines de ceux qui sont les déshérités de la nature, pour creuser encore des misères honnêtes en les lançant sur le pavé de l'émeute, n'est-il pas du devoir de ceux qui savent ce que valent les hommes et quelle est la marche fatale de certains événements, de venir, preuves en main, donner la mesure de la taille de certains Héros?

Si la bêtise humaine les grandit, peu nous importe, nous aurons le courage de lutter même contre l'opinion publique.

Nous ferons passer la vérité malgré elle en les démasquant,

> Car nous avons tout vu, délateurs équitables,
> Pour ces proscrits hautains osons dresser nos tables.
>
> Barthélemi.

Pour montrer de quelle saveur s'impreignent certaines consciences oublieuses du passé, figurez-vous que le

Comité démocratique ait placardé aux portes des Comités irréconciliables la page rutilante que nous vous livrons, et vous allez juger de l'effet qu'elle eut produit.

On a été chercher à Bruxelles le roman de l'*Homme qui rit*, nous n'avons pas besoin d'aller aussi loin pour faire le bilan des turpitudes des fauteurs de troubles, et démontrer l'élasticité de leur conscience.

Acteur et victime des événements de juin 1848, étant peut-être celui des transportés d'Afrique dont les droits au respect et à la considération de tous sont le plus établis, nous allons raconter quelques épisodes de cette période Républicaine haute en couleur.

Qui osera nous démentir?

Place donc à la vérité de l'histoire!

Candidature de Victor Hugo à ses Concitoyens.

Mes Concitoyens,

Je réponds à l'appel des soixante mille électeurs qui m'ont spontanément honoré de leurs suffrages aux élections de Paris, et je me présente à votre libre choix.

Dans la situation politique telle quelle est, on me demande toute ma pensée; la voici :

Deux Républiques sont possibles.

L'une abattra le drapeau tricolore sous le drapeau rouge, fera des gros sous avec la colonne; jettera la statue de Napoléon et dressera la statue de Marat; détruira l'Institut, l'Ecole polytechnique et la Légion d'honneur, ajoutera à l'auguste devise *Liberté, Égalité, Fraternité,* l'option sinistre ou LA MORT; fera banqueroute, ruinera les riches sans enrichir les pauvres; anéantira le crédit, qui est la fortune de tous, et le travail qui est le pain de chacun. Abolira la propriété et la famille, promènera des têtes sur des piques, remplira les prisons par le soupçon et les videra par le massacre, mettra l'Europe en feu et la civilisation en cendres ; fera de la France la patrie des ténèbres, égorgera la liberté ; étouffera les arts, décapitera la pensée et niera Dieu.

Remettra en mouvement la planche aux assignats et la bascule de la guillotine ; en un mot, fera froidement ce que les hommes de 93 ont fait ardemment, et après l'horrible dans le grand, que nos pères ont vu, nous montrera le monstrueux dans le petit.

L'autre sera la sainte communion de tous les Français : introduira la clémence dans la loi pénale et la conciliation dans la loi civile, multipliera les chemins de fer, reboisera une partie du territoire et défrichera l'autre, décuplera la valeur du sol ; partira de ce principe qu'il faut que tout homme commence par le travail pour passer par la propriété : assurera ainsi la propriété comme étant la conséquence du travail accompli. — fera respecter l'héritage qui n'est autre chose que la main du père tendue aux enfants à travers le mur du tombeau, etc.

Subornera la force à l'intelligence ; dissoudra l'émeute et la guerre, ces deux formes de barbarie ; fera de l'ordre la loi des citoyens et de la paix la loi des nations ; vivra et rayonnera, grandira la France, conquerra le monde, sera en un mot le majestueux embrassement du genre humain sous le regard de Dieu satisfait.

De ces deux Républiques, celle-ci s'appelle la Civilisation, l'autre s'appelle LA TERREUR.

Je suis prêt à dévouer ma vie pour établir l'une et empêcher l'autre.

VICTOR HUGO.

Paris, le 26 mai 1848.

En lisant cette pièce rutilante à l'époque où l'homme colossal la fit placarder, afin de prouver que Lamartine n'était pas le seul grand citoyen... qui eut pu croire que l'ex-pair de France, le Croyant inspiré, irait un jour se prêter à la comédie matérialiste et irréconciliable des *brûle-caises* inassermentés du journal *le Rappel*.

Ou haut Hugo huchera-t-on ton nom ?

Je me *rappelle*, sans calembour, que l'auteur des Burgraves nous a donné comme enseignement que :

La popularité c'est la gloire en gros sous.

Cette gloire, le Gouvernement provisoire de 48 la possséda d'une façon qui ne laissa rien à désirer ; aussi, comme les gros sous, elle finit par être très-lourde, mais jamais autant que la bourde commise par ceux qui signèrent cette pièce monumentale qui, à elle seule, donne la raison de tous les désastres qui fondirent sur la jeune République !

Le Gouvernement de la République française s'engage à garantir l'existence de l'ouvrier par le travail.

Il s'engage à garantir du travail à tous les citoyens, etc.

25 février 1848.

Le Gouvernement provisoire :

Signé : GARNIER-PAGÈS,

LAMARTINE, LEDRU-ROLLIN, etc.

Quinze jours ne s'étaient pas écoulés que ces braves gens sentaient leur sottise, leur sottise qui les avait aidés à passer pour de grands citoyens.

Le droit au travail pris au sérieux par le *peuple murmurant* venait leur donner de fort mauvais quarts d'heure et on avait encore le droit de leur dire : A qui la faute si votre signature est protestée et si LA COMMUME DE PARIS publie les menaces suivantes ?...

Peuple, tu as souffert trois mois de misère pour la République. — Les travailleurs attendent :

Le jour n'est pas loin peut-être où la patience leur deviendra impossible...

Les avertissements n'auront pas manqué au Pouvoir : tant pis pour lui si il se bouche les oreilles.

. . . .

Tu es assez généreux pour accorder un délai de quelques jours.

Le jour est venu où l'espérance n'est plus permise. Peuple ! lève-toi tout entier et viens les assaillir de ta coalition formidable.

Le Peuple fort, le Peuple grand, le Peuple magnanime avait-il le droit de demander, d'exiger ce qu'on lui avait promis?

Evidemment Oui.

L'avait-on encensé, ce brave peuple, lui en avait-on fourré par le nez?...

25 juin 1848.

Vous voulez que la République et la Liberté soient un même mot, autrement la République serait un mensonge, et nous voulons qu'elle soit une vérité.

Lamartine, sans s'en douter, parodiait le passé et Louis-Philippe disant :

La Charte sera désormais une vérité.

Ce qui nous prouve une fois de plus qu'en politique c'est toujours la même rengaine qui est serinée à toutes les époques, avec des variantes plus ou moins sensibles.

Avec cette différence, pourtant, que la Charte était une formule à peu près nette et que République et Liberté peuvent s'interpréter à l'infini. — A ce point, qu'on peut dire aujourd'hui du mot république comme du mot socialisme, c'est le vide, si ce n'est pas le chaos.

N'est-il pas difficile de s'empêcher de rire en lisant les proclamations de ce brave Gouvernement provisoire, battant sur tous les tons la grosse caisse de Bilboquet et fourrant l'encens au nez de son Peuple-Roi, de son Peuple militant, jusqu'au moment où il cessera d'être d'accord avec ses élus.

M. de Lamartine disait, le 15 mars 1848, à la députation du Club des élections:

Le Peuple a combattu avec héroïsme.

Le Peuple a triomphé avec humanité.

Le Peuple a réprimé l'anarchie de la première heure.

Le Peuple, après le combat, a brisé l'arme de sa juste colère. Il a brûlé l'échafaud, il a proclamé l'abolition de la peine de mort contre ses ennemis.

Le Peuple a respecté la liberté individuelle en ne proscrivant personne. Il a respecté la conscience dans la religion qu'il veut libre, etc.

Il a respecté la propriété.

Il a poussé la probité jusqu'à ces désintéressements sublimes qui font l'admiration et l'attendrissement de l'histoire, (*sic*).

L'histoire attendrie est quelque chose qui m'attendrit aussi, c'est le sublime du genre. Bancel et ses amis n'atteindront jamais à cette hauteur !

Il y en a très-long sur ce ton-là, puis le Gouvernement provisoire se gourme et (*se pousse du col*, dirait Gavroche), il ajoute :

Le Peuple a choisi, pour les mettre à sa tête, les hommes les plus fermes et les plus honnêtes qui soient tombés sous sa main.

Traduction : L'auberge du *Lion d'or* est la meilleure de notre bourg.

Je le crois bien, elle est la seule...

Puis, enfin, s'adressant au Peuple français, les douze triomphateurs lui disent :

Nous n'avons qu'une seule instruction à vous donner : Inspirez-vous du Peuple, imitez-le, pensez, sentez, votez, agissez comme lui.

Et pour la clôture :

Quand la Nation, par les mains de ses représentants, aura saisi la République, la République sera forte et grande comme la Nation, sainte comme l'idée du Peuple, impérissable comme la Patrie !

Et ce n'est pas le général Boum ou M. de La Palisse qui a signé ça, ce sont :

Dupont de l'Eure, Lamartine, Marrast, etc.

Mais voilà la Constituante qui siége, Gavroche et le peuple ou le faux peuple ne sont pas contents, le Gouvernement est mécontent d'eux aussi.

Qu'est-ce qui a tort? Enfin on arrive ainsi au 15 mai, et on voit luire le casque du fameux pompier.

On l'a vu celui-là, on n'a pas pu le saisir, c'est vrai; voilà en quoi il diffère du fameux Judes, sur lequel il a un avantage, on n'a jamais su son nom, mais on l'a vu, tandis que Judes!

Buchez, Peupin, Robert des Ardennes, Garnier-Pagès, Lacrossé, Pean, Edmond Lafayette, A. Corbon, Arago, Lamartine, Marie, disent qu'*ils la trouvent mauvaise!*

De ce coup, ce n'est pas le vrai peuple qui est venu escalader à la Chambre, c'est une *multitude égarée* par quelques factieux. Cette manifestation insensée a échoué devant les *manifestations unanimes* de la population.

C'est M. Recurt qui a signé ça.

Une *multitude égarée* et les *Manifestations unanimes.* J'y perds mon français.

Par pudeur, et pour ne pas dire que l'Assemblée a été dissoute par l'alsacien Huber, le *Moniteur* constate une suspension de deux heures.

Enfin, ce fut toujours l'occasion de faire décréter que la garde nationale, la garde mobile et l'armée avaient bien mérité de la patrie — car le Peuple-Roi s'était *sauvé* au premier coup de tambour.

Je me ravise, le Peuple-Roi ne peut pas s'être sauvé : il a fait comme le Commandeur, il ne s'est pas sauvé : il est sorti un peu vite, voilà tout.

Ce jour-là il n'a pas été aussi *honnête* que de coutume et n'a pas mérité *l'attendrissement de l'histoire!*...

En fait d'*honnêteté*, j'ai observé et je ferai observer, que ceux qui ont seulement dix mille livres de rente, sont rarement vagabonds et gens sans aveu. Je crois que M. Joseph Prudhomme, donnant son opinion sur les transportés de juin, avait raison de dire :

« Si ces gens-là avaient un paletot et un crédit au Comptoir d'Escompte, je n'hésiterais pas à être clément. »

Quand je me rappelle ces tristes journées et que, sans passion et sans parti pris, j'en cherche la cause, je ne la trouve que dans la différence de costume.

L'habit se liguait contre la blouse, parce que l'habit craignait le pillage, la blouse hurlait la misère et vociférait contre l'habit comme les Lyonnais, parce qu'elle en était réduite à crier :

Vivre en travaillant ou mourir en combattant.

Les pauvres affamés que le Gouvernement provisoire avait si fort encensés, avaient compris l'impuissance des républicains de fraîche date; leur vœu pour la destitution, l'expulsion de leurs constituants était-il logique?

Question grave que je ne veux pas trancher, bien qu'il soit permis de dire que nous n'étions guère républicains en 48 : et si une République a été proclamée, c'est qu'on n'avait rien autre dans la main ce jour-là.

Le 15 mai n'a été que le prélude des événements.

Il a fait voir qu'il pourrait bien y avoir deux peuples et que le hasard se chargerait de décider où serait le bon, le vrai peuple, et bien entendu la vraie République; modérée ou pas modérée, honnêtes ou pas honnête.

Après bien des hésitations, Peuple-Roi, garde nationale, garde mobile et soldats se trouvèrent en face dans la rue, le 23 juin.

On avait si souvent chanté la gloire des héros de barricades que les pavés s'entassèrent... Les énergumènes des deux camps profitèrent du moment et l'action s'engagea.

Le nombre des amis de la Constituante et celui des opposants dut être à peu près égal.

S'il eut fallu procéder par voie de scrutin pour décider de quel côté était le vrai peuple, je ne sais pas à qui le suffrage universel eut donné raison; si la garde mobile eut eu souvenance de sa blouse et eut rallié la blouse, à coup sûr le dictateur Cavaignac eut été vaincu.

Voilà à quoi tiennent les destinées des nations.

Enfin, la misère de l'habit heurtait celle de la blouse, et, comme sous la blouse il y avait un peu de tout ce qui avait faim, le dictateur vit que ce serait plus sérieux qu'en février.

Parlons net : Le dictateur eut peur, il eut peur avec les autres; ainsi que le prouvent les proclamations du 25.

Le 25 juin un décret de l'Assemblée nationale adoptait la mesure suivante :

Art. 1er. Un crédit de 3 millions de francs pour secours extraordinaires est ouvert au ministère de l'Intérieur.

Art. 2. Le Ministre de l'Intérieur et le Maire de Paris se concerteront pour faire répartir immédiatement cette somme dans les 14 arrondissements.

Art. 3. Des mesures seront prises dans chaque municipalité pour distribuer à domicile des secours soit en argent ou en nature aux citoyens dans le besoin.

Délibéré à Paris, le 25 juin 1848.

Les présidents et secrétaires, etc.
Le chef du Pouvoir exécutif.

A la date du 24, le même chef du Pouvoir exécutif avait adressé à la garde nationale une proclamation.

Une autre aux soldats.

Le 25, au nom du Pouvoir exécutif, le général Cavaignac en adressait une aux insurgés.

Enfin, le 25, une autre proclamation du général en chef était placardée, sous sa seule signature. Sur le *Moniteur* elle se doubla du nom du président Sénard, et elle varie par une phrase et qui ne se trouve pas dans la feuille officielle. C'est cette dernière que nous reproduisons :

Ouvriers! et vous tous qui tenez encore les armes levées contre la République; une dernière fois, au nom de tout ce qu'il y a de respectable, de saint, de sacré pour les hommes : déposez vos armes !

L'Assemblée nationale, la Nation tout entière vous le demandent.

On vous dit que de cruelles vengeances vous attendent; ce sont vos ennemis, les nôtres, qui parlent ainsi.

On vous dit que vous serez sacrifiés de sang-froid ! Venez à nous, venez repentants et soumis à la loi, les bras de la République sont tout prêts à vous recevoir, et que mon nom soit maudit si je vois en vous autre chose que des frères égarés.

Général CAVAIGNAC.

Qu'est-il permis de déduire en lisant ces différentes affiches ?

En premier lieu, c'est que le Gouvernement était obligé de reconnaître que la misère du travailleur était à son comble; que la confiance avait fui, et que les ateliers nationaux avaient engendré la misère et tué le travail en effrayant la spéculation.

Secondement, si on se battait, c'étaient des morsures d'affamés que celles de cette lutte inconsciente et sans drapeau.

Pour expliquer Juin il faut ouvrir une parenthèse et expliquer le 24 février.

Au moment où il surprenait les républicains du *National*, tout étonnés de se voir une République sur les bras, et où les boutiquiers, honteux d'avoir lâchement abandonné leur roi citoyen, subissaient cette République pour ne pas avouer leur défaillance et leurs regrets ; la société rendue florissante grâce au budget économique du gouvernement renversé était à même de soutenir une secousse, et elle le prouva.

Mais un mois s'était à peine écoulé que les utopies de bonne foi venaient encombrer le marché, toute sécurité disparut parce que les Icariens, les Phalanstériens, les Communistes, voulaient chacun une République à leur mode. Chacun, parodiant le roi soleil disait : La vraie République c'est moi-même.

Les boutiquiers et les capitalistes eurent peur ; les émeutes aidant, les ateliers se fermèrent ; l'argent devint rare et le pain de l'ouvrier fut compromis. La dynamique du nécessaire était brisée.

Ceux qui, au début, avaient été frères, commençaient à se toiser d'un air de défi. Le droit au travail soulevait les colères des travailleurs affamés et le marchand menacé par la faillite accusait les clubs et les désœuvres de la misère, de la ruine qu'il voyait venir à grands pas.

La triple devise n'était plus celle des partis, et ces vers

adressés à l'occasion des 45 centimes, donnent un échan-
tillon du respect inspiré par les hommes du jour :

La liberté de ne rien faire,
L'Égalité dans la misère,
La Fraternité de Caïn :
C'est l'esprit de la circulaire
Du citoyen Ledru-Rollin.

Sans se le dire, chacun désirait en venir aux mains.

On comprenait que la guerre de la faim allait bientôt
commencer, on voulait en finir le plus vite possible.

Des amis de l'ordre, dans leurs réunions privées, avaient
nettement émis la pensée d'une fusillade de leurs ennemis ;
c'est à cela que Caussidière faisait allusion le 27 juin
à la Constituante, quand il parlait de l'égorgement des
citoyens jetés à la Conciergerie et dans les forts.

Disons également que beaucoup de clubs avaient pensé
que la victoire de l'ouvrier devait être suivie d'une terreur
républicaine, et les énergumènes de certains clubs étaient
bien capables de chanter un nouveau ÇA IRA.

Voilà au milieu de quel pathos commencèrent les
événements de juin 1848, résultante fatale des fautes et
des lâchetés de tous les *sauveurs* de cette époque.

C'était si peu une lutte de parti, que les ateliers nationaux qui avaient reçu leur paye, et ceux qui avaient du
pain restèrent inoffensifs.

Il est évident que l'émeute était sans chefs, sans drapeau ; si Cavaignac eut voulu, le 24, tout était fini ; et
on en eut été quitte pour constater que trente mille âmes
râlaient la faim, et que les promesses du Gouvernement
provisoire étaient une mystification !

Mais, en pareille circonstance, avouer sa faute était chose impossible. La victoire avait fait oublier la peur de la veille, on rougissait d'avoir eu peur et il fallait bien faire une utile application des promesses de pardon.

On put lire alors cette grande page :

L'Assemblée nationale a adopté le décret dont la teneur suit :

Seront transportés par mesure de sûreté générale, dans les possessions d'outre-mer autres que celles de la Méditerranée, les individus actuellement détenus qui seront reconnus avoir pris part à l'insurrection des 23 et jours suivants.

Les femmes, les enfants des individus transportés hors du territoire, seront admis à partager le sort de leurs maris et de leurs pères.

Un décret de l'Assemblée nationale déterminera le régime spécial auquel seront soumis les individus transportés.

Le pouvoir exécutif est chargé de procéder sans délai à l'exécution du présent décret.

Délibéré en séance publique, le 27 juin 1848.

Les présidents et secrétaires :
SÉNARD, PEUPIN, LÉON ROBERT, EMILE PEAN,
EDMOND LAFAYETTE, LANDRIN, BÉZARD.

Ah ! Républicains de 1848 ; glorieux satisfaits de cette époque, qui revenez aujourd'hui, doublés de je ne sais quels myrmidons qui se disent *irréconciliables ;* au nom de la fraternité, parlez des brutalités et des persécutions de l'Empire,

Vous ne vous souvenez donc plus de vos œuvres ?

Je citerai encore votre Poëte, pour vous dire :

Celui dont le flanc saigne a meilleure mémoire.

Écoutez donc :

Je me rappellerai, alors qu'arrêté le 26 juin, à trois heures, rue Saint-Sauveur, sur l'indication d'un brave marchand d'enseignes de la rue Bourbon-Villeneuve qui me devait une petite somme, je fus conduit avec une quarantaine d'autres, à la Conciergerie et, en route, jeté trois fois par terre pour être fusillé. Ce fut un brave garde national qui me protégea en disant : *Ne le tuez pas, c'est un chef; il nous aidera à prendre les autres; d'abord il n'a pas d'armes, et il est propre, rien ne dit qu'il se soit battu.*

Mon habit bleu barbeau et mon faux-col blanc me rendirent, comme on voit, service ce jour-là.

Cependant, en arrivant sur le Pont-au-Change, un je ne sais qui m'adjugea un coup de pistolet, ça passa à côté et un garde républicain insurgé le reçut en pleine tête.... son affaire était réglée...

A la Conciergerie nous étions quelque chose comme dix-huit cents, et on nous laissa là trois jours ; puis on nous envoya à la Force, avec force accompagnement de horions.

De la Force, on nous conduisit ficelés comme des carottes à tabac au fort d'Aubervilliers. La brave mobile, je ne sais pas au juste si elle était du vrai ou du faux Peuple, menaçait de nous fusiller chaque fois qu'on ouvrait la porte de nos casemates.

On lui avait dit que nous étions le faux peuple; et quand elle nous eut fusillés elle eut probablement été dans son droit, car on aura beau se civiliser, je le demanderai au lion Gambetta et au superbe Bancel, voire même au populaire M. de Rochefort... *la raison* du plus fort est toujours la meilleure, quand on joue à la Révolution.

Et pour que le Peuple soit grand,

Pour que le Peuple soit sublime,

Pour que le Peuple soit *tout* ce que MM. Garnier-Pagès, Lamartine et Ledru-Rollin disaient de lui en 1848, il faut qu'il soit le plus fort.

Dans ces conditions, le peuple doit-être profondément humilié des mérites de saint Chassepot.

D'Aubervilliers, je fus assez *veinard* pour me voir transférer à Saint-Lazare transformé en hôpital. — La rougeole me rendit un second service et je passai ainsi trois mois pas trop mauvais dans l'asile réservé naguère aux filles de joie.

Là, je reçus une lettre écrite de Cormenin lui-même; elle m'annonçait ma mise en liberté.

Ma femme, le colonel de V. et la baronne de *** étaient venus me rendre visite... on était gai et on me disait que j'allais sortir dans quelques minutes.

Le Directeur arriva tout effaré, il venait de recevoir une liste du chef du Pouvoir exécutif et on vidait tout ce qui pouvait supporter le voyage : On nous expédiait à destination ! et j'en étais.

Vous pouvez juger de la scène; il y avait avec nous une trentaine de femmes au parloir, elles poussaient des cris et se trouvaient mal..... *C'est pas rigolo!...* aurait dit Gavroche.

J'avais le cœur gros, je l'avoue ; mais je fis rentrer ça... je consolai ma femme et mes amis comme je pus et je les embrassai sans pleurer.

Dame ! c'est que c'est dur de se voir arracher à sa famille et de la laisser à la grâce de Dieu, dans un monde où le sauve-qui-peut du « *chacun pour soi chez soi* » est mis à l'ordre du jour.

On nous accusait d'être les ennemis de la famille et de la propriété, et, comme de juste, on tuait chez nous la famille, on brisait nos ressources... Merci à messieurs Garnier-Pagès, Lamartine et autres, merci !

Voilà la morale de la politique... elle crie respect à la famille et à la propriété... en les détruisant... c'est toujours ainsi.

On nous attacha trois par trois, avec des ficelles, et on nous fit entrer dans la grande cour où un bataillon chargea les armes. Le Commandant nous fit savoir que le premier qui pousserait un cri ou ferait un mouvement de rébellion serait fusillé : c'était élémentaire.

A onze heures on nous fit sortir entre deux doubles haies de soldats, il y avait des dragons derrière et devant, et des agents de la sûreté qui portaient des torches.

Paris était triste comme l'état de siége, et on nous conduisît à travers ce Paris consterné jusqu'au chemin de fer, station d'Asnières.

Là nous fûmes mis dans les wagons dont les agents de la sûreté gardaient les portes, et nous roulâmes sur le Havre.

On nous embarqua sur le *Darien* qui nous jeta à bord de la frégate neuve la *Sémillante*, mouillée en rade de Lorient et appropriée au service de prison flottante.

Nous étions trois cents. Le commandant Gourio (qui avait ses ordres) nous reçut avec deux canons mèche allumée, et nous fit la recommandatien de circonstance.

Les moyens de persuasion et de douceur de 1849 étaient-iis plus onctueux que ceux dont on se plaint aujourd'hui ? Disons en style de Palais : « le tribunal appréciera. »

La République, la Démocratie ont toujours été fortes

pour les épurations ; on voulut nous épurer, et une Commission fut envoyée pour procéder conscieusement à cette besogne.

MM. Léon Fauché ou Fouché, Dalton, etc., en firent partie, on nous passa en revue absolument comme eut pu faire M. le maire des pompiers de Nanterre.

En trois heures les 289 transportés de la *Sémillante* furent interrogés et appréciés.

On le voit, M. de Belleyme ne fut que *de la Saint-Jean,* dans la rapidité de ses référés.

Janvier approchait, je fis à son occasion un souhait à ces Messieurs,

> Qu'au palais de justice
> Au bureau de Fouché,
> Grand faiseur de police
> Comme un ours mal léché,
> Viennent les chiens de chasse
> Déranger ses papiers,
> Le mordre quand il passe,
> Pisser sur ses dossiers.

La poésie ne me fut pas favorable ; dans les derniers jours de janvier ou février, l'épuration étant faite, nous fûmes remis à bord du *Darien* et conduits à Belle-Isle.

Nous espérions que la famille viendrait là : Erreur profonde, nous devions y rester un an toujours ballotés par les espérances que faisaient naître les épurations successives, et la misère aux longs bras tombait sur nos enfants et nos femmes, nous étions là par mesure administrative, et ceux qui avaient été jugés, qui étaient signalés comme les plus grands coupables, ils avaient

en partie été acquittés et beaucoup avaient été condamnés à des peines de six mois ou un an.

La logique n'a jamais été le côté fort du Gouvernement
républicain, en revanche son ingratitude a toujours eu
de splendides proportions.

Pendant ce temps les transportés attendent. Ce n'est
pas la transportation sur une terre éloignée, mais avec
les consolations de la famille, c'est le bon plaisir républicain qui dispose d'eux ; on les entasse à Brest, à Lorient,
à Cherbourg sur des pontons.

Si le peuple vaincu est comme le lion mourant, citons
encore le rutilant auteur des *Misérables* et disons que
ce peuple pontonnisé

> *Expire dans cet antre où son sort se termine*
> *Triste comme un lion rongé par la vermine.*

Pendant treize mois le hideux ponton la *Guerrière*
conserve sa cargaison de transportés sans jugement.

On se décide enfin à expédier tout dans les barraquements de Belle-Isle.

Notons en passant une page qui accuse la douceur
des mœurs républicaines.

On avait cassé quelques planches dans une des barraques et brûlé quelques bancs.

L'autorité fait sortir une vingtaine de détenus hors de
l'enceinte des barraquements pour les conduire en cor-
rection à la citadelle.

Un bataillon est rangé sur leur passage.

Un nommé Léris crie « Vive la sociale ! » un caporal le
poursuit la baïonnette dans les reins.

Pour éviter d'être embroché, il s'approche des glacis qui surmontent une escarpe d'environ quarante pieds. — Alors on dit que c'est un brigand qui veut s'évader et Léris tombe percé par la baïonnette du caporal et trois balles.

La justice n'a pas informé.

Voilà comment on interprétait la consigne quand nous étions transportés.

Parlons d'un incident dont l'honnête Colfavru ne parle plus aujourd'hui, parce que la République en est peccable.

Il fut en compagnie de notre camarade Pitois Christian extrait de Belle-Isle pour venir déposer comme témoin à Paris devant le 2ᵐᵉ Conseil de guerre.

De brigade en brigade et les menottes aux mains voilà comment leur voyage se fit, couchant sur la paille des chambres de sûreté, traités comme des galériens, pour aller comme pour reveuir, et ils rentrèrent après deux mois de ce régime dans un état que je ne veux pas décrire.

Parlerai-je aussi de l'affaire de la cour d'assises du Morbihan et des voitures cellulaires? Non ça serait trop long et le papier nous manque ; je dirai seulement pour mémoire que nous en avons vu des grises ; mais, que *la Démoc* s'en souciait très-peu, nous étions carrément sacrifiés par nos bons amis qui étaient sortis de la bagarre, et, la main sur la conscience, ils étaient je crois fort heureux de savoir qu'on allait nous expédier franco vers la citadelle de Bône.

Si j'ai bonne mémoire, c'est le 24 ou le 25 février 1850 que le *Gommer* et l'*Asmodée* vinrent nous prendre.

On avait enfin décidé de notre sort et Lambessa devait

être notre dernière étape, on allait y construire les barraques de notre colonie.

En attendant, on allait nous emprisonner dans la citadelle de Bône.

Dès notre arrivée en Afrique, on nous plaçait sous la loi militaire dont le Code nous était applicable, nous avions pour supérieurs des sous-officiers pris dans les pénitenciers.

On nous lisait ce Code charmant dont je donne un simple extrait :

« *Quiconque aura, de propos ou de geste, insulté son supérieur, sera puni de cinq ans de fers;*
» *Si il y a eu voie de fait il sera puni de mort.* »

Plaignez-vous donc des lois de l'Empire !

Par un raffinement de délicatesse qu'on appréciera, les femmes et les enfants des transportés devaient subir ce régime adopté par l'inépuisable charité de la République.

La Démocratie, fidèle aux grands principes de 93, élut Colfavru le transporté de Belle-Isle comme protestation contre la transportation : Mais lui et les vertueux de sa trempe qui avaient battu la grosse caisse à nos dépens, pour se faire élire, cessèrent de s'occuper de nous.

La farce était jouée, nous restions en Afrique comme un instrument, on nous tenait là pour que, démocratiquement, quelques gredins pussent jouer au martyre et crier encore non pas en notre faveur mais à nos dépens.

Et plus de trois années s'écoulèrent avant que Lambessa eut été approprié pour recevoir les tristes épaves de ces fameuses journées de Juin, dont toute la responsabilité appartient aux crétins qui viennent aujourd'hui se tailler un manteau à la Brutus dans les misères qu'ils ont creusées, les sottises qu'ils ont accumulées.

Aussi je leur dirai :

Vous ne savez pas plus, aujourd'hui, ce qu'est la République, que vous ne le saviez en 1848.

Vous revenez avec deux ou trois hommes nouveaux qui ne valent ni plus ni moins que vous, vous êtes les mêmes incapables... et vous êtes pour moi et pour ceux qui raisonneront,

Garnier-Pagès, Ledru-Rollin, Flocon, Blanqui, Albert, Lamartine, etc., etc.

Silence donc, nullités compactes, qui voulez en Machiavels au petit pied faire jouer les ressorts des marionnettes humaines !

On sait aujourd'hui que ce n'est pas la forme de tel gouvernement qui fait la fortune d'un pays.

Il n'y a plus de nobles et plus de vilains ; la seule puissance despotique est celle du capital ; la véritable force c'est la production ; la seule chose qui nous garantisse c'est le travail ; plus de comédie !

Ah ! que la responsabilité impériale serait lourde, si elle devait accepter la responsabilité de la transportation de juin.

Combien la Morgue et le trottoir ont reçu de tristes épaves résultantes de cette infamie !

Que de vieilles mères dans la détresse ont hurlé la faim.

Ah ! les honnêtes gens, les honnêtes gens !

O honte ! les inventeurs de cette mesure qui mettait

en dehors du droit commun des condamnés sans jugement, n'a révolté la conscience de personne.

Je le crois bien, une République est *sainte* et elle peut
tout faire.

Pourtant, quand je vois les rédacteurs du *Rappel* crier
au martyre, je n'ai pas envie de pleurer sur ces victimes
des tyrans, ces citoyens crucifiés par l'Empire. Je renvoie
au martyrologe des années 1848, 1849, 1850.

Qu'on sache aussi que la transportation de 1852 fut la
seule cause de l'amélioration du sort des transportés
de 1848, qui restèrent encore les derniers, quand toute la
fournée de 1852 était revenue.

Tenez, ce que je raconte là ce n'est pas pour me plaindre;
une fois arrivé en Afrique, je me suis gorgé à *l'infâme
privilége.* Artiste et écrivain, je me suis servi de ma palette
et de ma plume. *Les infâmes suppôts de la tyrannie* m'ont
fait accueil comme homme et comme travailleur. Le maire
de Bône, le général commandant la subdivision et deux
préfets m'ont fourni les moyens de sortir de cette impasse
et de vivre honorablement par le travail, avec ma famille,
dans la vieille ville conquise sur Ahmet-Bey.

Mon défaut n'a jamais été l'ingratitude; je me souviens
du bien qu'on m'a fait et des services qu'on m'a rendus.

Je constate que les aristocraties sont bienveillantes :
elles aident à la justice, souvent à leur détriment, parce
que le droit règle la conscience des intelligents.

Qu'est-ce que le Peuple, s'il n'est pas instruit ?

Une machine inconsciente dont les habiles profitent en en exploitant
les mauvaises passions.

Il n'y a donc de vrai peuple que celui qui peut raisonner.

Et quand je vois encenser la masse et flatter ses vices, je sais ce que valent l'humilité et le civisme des tribuns populaires. C'est toujours l'histoire du faux nez.

Quand j'entends crier :

Le peuple ne veut pas de maîtres.

Je traduis : *Peuple, tu auras cent maîtres avec la révolution et l'anarchie..*

Ah! croyez-le, le progrès n'a rien de commun avec les cascades politiques.

L'instruction, voilà la seule propagande possible. Elle est la garantie de tous.

Les intelligents ne brisent jamais, ils édifient.

Que le peuple conscient veuille une République, l'Empire sera forcé de la laisser passer. Si c'est le peuple ignorant, saint Chassepot lui répondra.

Aussi, je vous dis qu'il est impossible que des exploiteurs réussissent en se faisant un marchepied de la bêtise humaine, pour affirmer un gouvernement dont les essais ont été désastreux.

Le travail c'est la liberté! vous a dit un chansonnier populaire. Ce qu'il faut au travail, c'est la confiance, c'est la paix au dehors, au dedans.

Les modernes sauveurs veulent faire table rase : une simple élection remue le pays et le trouble. L'ouvrier chôme. Jugez du reste!

Faites une révolution et chassez *l'usurpateur*, si toutefois l'usurpateur se laisse faire.

Oh! comme la civilisation et le peuple vont y gagner.

Bancel, Gambetta, Raspail garantiront-ils, comme en 48, l'existence de l'ouvrier par le travail?

J'en doute fort.

Mais je me ravise : Ils le jureront. Sur la divinité? on ne croit plus en Dieu. — Sur leur honneur? la restriction mentale est permise, et du reste on ne prête plus serment que sur la tête de son portier.

Les gens sensés réfléchiront à ce que je dis, et je leur déclare que je ne regrette pas l'acte de vigueur du 2 Décembre.

L'incapacité des républicains est une chose trop avérée pour qu'on puisse la nier.

Ils ont décrété des choses impossibles, des rengaines folles, qui devaient amener le trouble et la dévastation dans le domaine de la raison; tout a avorté dans leurs mains inhabiles et les bonnes choses qu'ils auraient pu faire, ils n'ont pas voulu s'en occuper, — rien n'a pu se faire avec eux.

La contrainte par corps, abolie par la République, a été ramenée par la République, c'est à l'Empire qu'appartient l'honneur de l'avoir définitivement radiée.

Les quarante-cinq centimes ont-ils été un chef-d'œuvre économique? Qu'est devenue l'association sous leur patronnage?

De réformes néant, — la détention préventive n'a commencé à recevoir un échec que grâce à l'initiative de Napoléon III. La République en avait un grand besoin pour en rétrécir les droits.

Ils ont caressé les lois de Brumaire, et celle des suspects, ressuscitée par les hommes de Février, nous prouve que les lois de sûreté générale sont une décoction à l'eau de roses.

La liberté de faire grève : le droit d'opposition à la

tyrannie des patrons — encore un droit que la sainte République n'osait pas donner et que l'infâme tyrannie a octroyé.

L'infâme tyran se laisse vilipender, honnir, menacer sans souffler mot, — comme le grenadier de Scribe : Il sait souffrir et se taire — sans murmurer.

Sainte République ou ses saints apôtres ne seraient pas si endurants, — le vrai peuple et ses vrais amis sont soucieux de leur dignité. Ah ! mais ah ! mais, c'est que le crime de lèze-majesté nationale ça ne badine pas. Mettons le tyran en jugement ; Gambetta, tu seras chargé de le conduire aux Gémonies.

> Va, mon lion superbe.
> *Qu'on prépare un gibet digne d'un Empereur !*
> *Les Burgraves*, V. HUGO.

Comme ça sera beau !... quel grand exemple ! 93 ne sera que de la *Saint-Jean* à côté de nous !

Il y a des gendarmes, des zouzoux, des sergents de ville, des boutiquiers, etc.

> Mais tous ces nains, que la peur accompagne,
> Voudraient en vain fuir devant les vainqueurs ;
> O Girondins, tremblez, c'est la Montagne.
> La Liberté trouvera des vengeurs. *(bis)*

> Mais, Citoyens, que cette prophétie
> Ne tarde pas longtemps à s'accomplir.
> Il faut **enfin** que l'aristocratie
> Sous le poignard pousse un dernier soupir.

> Brillez enfin, jours de la République.
> Etc., etc., etc.

Messieurs les Républicains sont pour les moyens de douceur, c'est chose convenue. — Ils veulent l'embrassement de la société tout entière ; mais, en attendant que *ça s'arrange,...* il y a un mais.

Il est nécessaire d'établir le saint temple de la fraternité sur des bases solides, et pour construire il faut *bien niveler le terrain.*

Nous voulons la paix universelle.

Mais, pour la dernière fois, oh ! vrai, pour la dernière, on fera une guerre terrible, une guerre d'extermination aux impurs, aux tyrans, à leurs séïdes, aux mouchards, aux vendus, aux corrompus, aux tièdes, — et le Peuple grand, le Peuple superbe, le Peuple magnanime et fort, après avoir donné ce grand exemple et avoir tout épuré, rayonnera dans l'archi-fraternité et l'archi-perfection humaine.

Enfin, comme M. Bertron, candidat humain : Tout pour le genre humain, etc., etc.

Comme je ne suis pas de *la boutique*, je ne peux pas vous dire comme ce sera beau. — Il faudrait le demander à M. Charles Hugo ou à un des garçons de bureau du journal *Le Rappel.*

Hé ! mais quelle irrévérence... On n'est donc jamais trahi que par les siens..... Gavroche sort de leur officine, en riant, et cette locution populaire tombe de sa bouche cynique :

« A Chaillot, mon bonhomme ! »

Est-ce que Gavroche ne serait pas du vrai peuple ?

Et vous, qui respectez le peuple ainsi que le suffrage universel, souvenez-vous que l'Empire a été sanctionné par deux votes, quand la République de février fut le résultat d'une surprise.

Je ne pleure pas sur la République de février.

Je ne lui demande pas de revenir, les réformes viendront sans elle.

Un dernier mot sur la transportation de 1848.

Savez-vous combien de temps les moins favorisés l'ont subie ?

Neuf longues années !

C'est-à-dire tout le temps nécessaire à l'écrasement de la famille, à la destruction de la propriété, le temps de vieillir un homme fort, de rendre ses mains débiles, de faire qu'à son retour tout soit neuf autour de lui ; qu'il soit un inconnu dans son logis même et qu'il n'ait plus que la désolation et la misère pour compagnonnes.

Criez donc au martyre Messieurs de 1852.

Tout ce qu'on a pu vous faire est à l'eau de roses, à côté de l'épopée de ceux de juin 1848.

Ah ! messieurs les Montagnards, les archi-rouges, les archi-matérialistes, archi-républicains, apprenez l'histoire, instruisez-vous, vous en avez besoin. — Car votre science ne vaut pas celle de l'archi-humanitaire, M. Gagne.

Vous parlez toujours de février :

Ah ! ça est-ce que février est une révolution motivée ?

Qu'on appelle révolution 1830. Oui : les ordonnances étaient là, c'était le brisement de la Charte, on se révoltait contre une violation.

1848. — N'est qu'un coup d'Etat, rien qu'un coup d'Etat par en bas qui est venu surprendre tout le monde au milieu de l'allégresse et des lampions.

Le coup de pistolet de M. Lagrange ou d'un autre, et puis on ne sait comment... Cette fusillade du boulevard des Capucines qui ne s'est pas expliquée et que le pauvre roi-citoyen n'avait à coup sûr pas commandée.

Voilà un Coup d'Etat de ruisseau, ou il faut nier l'évidence.

Donc, quand on parle coup d'État ne criez pas si fort.

Il me semble aussi que la bonne envie d'en faire un ne manqua pas à *la partie militante* de la Législative de 1851.

Si ils avaient pu trouver le moyen d'empoigner et même de faire fusiller leur président?...

Quel jubilé!!!

La bonne envie y était, mais le nerf manquait aussi ; comme dans la fable, la bête avait cent têtes, et dans ces têtes-là il n'y en avait pas une qui eut le génie de l'audace.

Sans le 2 Décembre, nous aurions probablement eu un 20 ou un 30 décembre républicain. — Avec les éléments de l'époque, je laisse à penser de l'affreux gâchis qui en fut résulté.

Un vrai transporté de **Juin 1848.**

Paris. — Imp. A.-E. Rochette, 72-80, boulevard Montparnasse